Editora Responsável | **Marta Mosley – Editora Viana & Mosley**
Projeto Editorial e Texto | **Isabella Perrotta**
Apresentação | **Edna Lucia Cunha Lima**
Projeto Gráfico e Diagramação | **Isabella Perrotta**
Revisão de Texto | **Cynthia Azevedo e Karine Fajardo**
Impressão e Acabamento | **Sol Gráfica**

Senac Rio
Presidente do Conselho Regional do Senac Rio | **Orlando Diniz**
Diretor Regional do Senac Rio | **Décio Zanirato Junior**
Editor do Senac Rio | **José Carlos de Souza Júnior**

Agradecimento
a **Edna Lucia Cunha Lima**, que leu e escreveu.
a **Billy Bacon**, que indicou nomes e forneceu contatos.

VIANA & MOSLEY
Editora

Av. Ataulfo de Paiva, 1.079/704
Leblon, Rio de Janeiro, CEP: 22440-031
Tel/Fax: (21) 2540-8571
vmeditora@globo.com

Av. Franklin Roosevelt, 126/604
Centro, Rio de Janeiro, CEP: 20021-120
Tel.: (21) 2240-2045 • Fax: (21) 2240-9656
Depto. Comercial: (21) 2582-5583
editora@rj.senac.br • www.rj.senac.br/editora

Tipos e Grafias

Isabella Perrotta

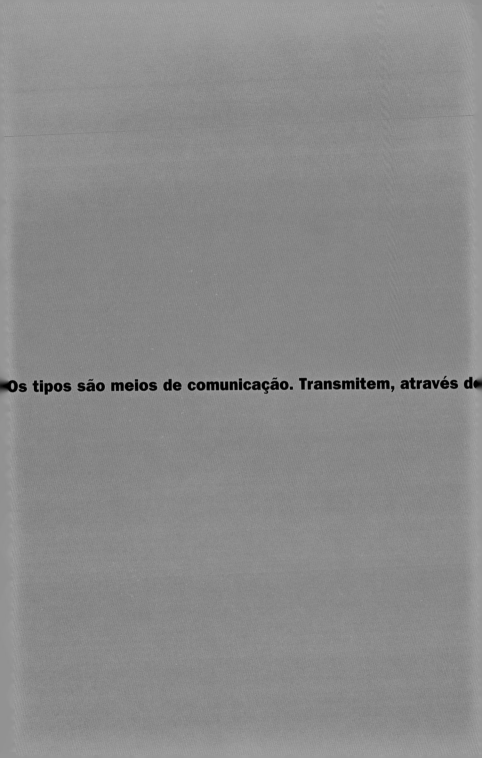

Os tipos são meios de comunicação. Transmitem, através d

culos, idéias geradas pelas mais diversas áreas do saber.

As grafias são meios de expressão. São representações

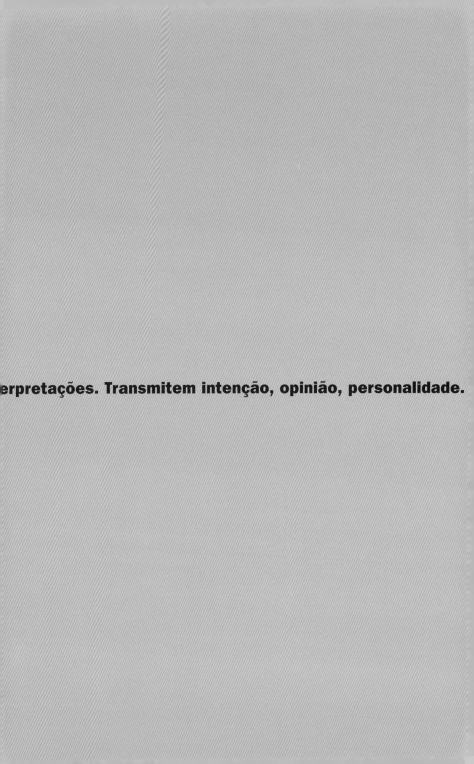

erpretações. Transmitem intenção, opinião, personalidade.

Tipografia é comunicação e expressão. Indissociáve

Quando usamos o computador para redigir uma carta, artigo ou relatório, temos à disposição um menu de fontes que darão uma forma especial ao nosso texto. A facilidade de acesso a esse recurso não nos deixa perceber o quanto estas fontes sintetizam uma história que começa com os fenícios e que, desde aquela época, traduzem formas de pensar e ver de diferentes culturas. Mais do que isso, não nos damos conta de que uma fonte resulta do trabalho cuidadoso de um profissional de extrema relevância no mundo das artes gráficas: o tipógrafo.

Originalmente, os tipógrafos eram artesãos que cuidavam do ofício da escrita em todas as suas etapas, partindo da construção dos instrumentos que facilitariam o seu trabalho, até a impressão dos documentos. Com a revolução digital, o universo profissional desse designer mudou muito.

Este livro nos conta como os novos equipamentos e as tecnologias ampliaram o vocabulário tipográfico e permitiram que o designer, à semelhança do que fez o DJ com a música, tenha se transformado em um mixador de fontes e, por isso, um criador de novas formas.

Todavia, como sinaliza Isabella Perrotta, é preciso que os novos profissionais se aprofundem em suas pesquisas, apurem os seus critérios em benefício da legibilidade e visualidade das fontes criadas. Como veremos nas páginas que se seguem, a autora desafiou diferentes designers a nos mostrar como o exercício desta liberdade criadora não pode estar aquém do destino do design, que é comunicar e expressar a obra ao seu público.

ADRIANE GAZZOLA
Gerente do Centro de Cultura e Comunicação
Senac Rio

Sumário

Apresentação.................................. 13

Introdução... 17

Os Tipos. Meios de comunicação.................... 25

As Grafias. Meios de expressão...................... 49

Apresentação

Há dois grupos de experimentos neste livro: um diz respeito ao tratamento das palavras na página e outro, à criação de tipos digitais. Vendo o que os designers brasileiros que atenderam ao chamado de Isabella Perrotta produziram, fico imaginando se não está na hora de repensar a afirmativa de que os brasileiros não têm tradição tipográfica.

Afinal, de qual tradição estamos tratando? É certo que a imprensa custou a se firmar por aqui, e que só o fez depois de 1808. Não temos a computar nenhum desenho notável de tipo para texto. Mas tínhamos nossas casas fundidoras; modestas, mas eficientes. Será que as gráficas que trabalhavam com composição manual, a maioria esmagadora até a década de 1950, só tinham tipos fabricados a partir de matrizes estrangeiras? Uma boa dúvida, uma saudável dúvida se instala. A probabilidade de que encontremos cópias de tipos clássicos,

Bodonis e Garamonds de feitio tupiniquim, me parece alta. Quem estudar as fundidoras Manig e Funtimod e suas similares Brasil afora pode trazer surpresas, preenchendo um vazio que talvez não exista. No entanto, a produção pós-moderna que vemos nas páginas deste livro não se importa com a legibilidade do texto corrido. Procura as soluções enfáticas que chamam o olhar em vez de deixá-lo passear com calma pela linha. Não é por acaso que foi no campo das revistas que estas idéias ganharam corpo. Eis uma área editorial que o Brasil pode se dizer com tradição. Quando as primeiras revistas ilustradas eram lidas na Inglaterra, na França e depois em Portugal, pioneiros como Ângelo Agostini e Henrique Fleuiss lançavam as suas por aqui, tomando parte na implementação de uma visualidade que vem evoluindo até os dias de hoje.

Nas capas das revistas, a convenção era mudar o desenho do título da publicação de acordo com o tema da semana. O logo geralmente era fixo na área do expediente, interna. *O Malho* funcionou assim nos seus primeiros anos, sendo possível que outras revistas fizessem o mesmo. Desenhadas à mão livre eram as manchetes internas e os logos das seções, projetadas por designers brasileiros. Isso não pertencia ao saber do designer de tipos mas àquele que se esperava de alguém que trabalhasse no campo editorial. Os capistas freqüentemente desenhavam os tipos principais, variando com as intenções do texto do livro. No exterior, a situação tinha seu paralelo, pois sabemos que o Avant Garde foi criado por Herb Lubalin para o logo e as seções internas da revista de mesmo nome, já na década de 1960. A diferença reside no passo seguinte, pois os brasileiros não costumavam transformar os logos bem-sucedidos em alfabetos completos comercializados por grandes fundidoras internacionais, à maneira que os americanos fazem.

Quando Tony de Marco se baseou em títulos desenhados para a revista *Fon Fon* por J. Carlos para a criação de sua fonte Samba – primeiro lugar na categoria display do International Type Design Contest de 2003 – está reafirmando exatamente este contínuo que vai de quem desenhava tipos para o campo editorial até os atuais designers digitais.

Se a gente pensar bem, como eram os anúncios de antigamente? As técnicas de *lettering* eram difundidas nas agências de publicidade. Havia letristas que traduziam modelos dos catálogos estrangeiros para o Brasil, artesãos habilíssimos com a pena, o pincel e o nanquim, deslocados do centro da cena tipográfica pela chegada das letras transferíveis, Letraset e Mecanorma. A técnica que permitiu uma linha fluida e ampliou o repertório dos designers, ou seja, a fotocomposição, colocou recursos tipográficos que antes eram qualificações profissionais ao alcance da primeira geração dos que se auto-intitularam designers, na década de 1970. Nos vinte anos que se seguiram, houve mais experimentações tipográficas na página do que na própria matéria, nos tipos.

Não devemos nos esquecer que todos bebem na fonte experimental do dadaísmo e do futurismo europeus, mas que temos aqui outro importante movimento de desconstrução da relação palavra-significado, o concretismo de Décio Pignatari e dos irmãos Campos. Este legado está sendo explorado pelos designers digitais, auxiliados pela desinibição oferecida pela tecnologia digital.

Examinando os resultados dos designers brasileiros, vemos que, em um movimento includente, chamam para dentro do campo profissional não apenas o que está sedimentado como as formas populares de escrita, essas então que passaram inobservadas pelo designer culto desde muito. Mas o experimentalismo *grunge*, sujinho, convive pacificamente com tipos para texto legíveis e elegantes como os que Rodolfo Capeto criou para o *Dicionário Houaiss*. A tipografia digital expandiu um campo que vinha se restringindo e está aí para ficar, liberando o designer tipográfico brasileiro da idéia de que estamos tendo que reinventar tudo do nada, e fazendo com que olhemos com cuidado e simpatia para essa tradição que talvez não satisfaça os critérios mais elitistas mas que é a nossa e por isso devemos arregaçar as mangas para conhecê-la melhor.

EDNA LUCIA CUNHA LIMA
Doutora em comunicação pela UFRJ
Professora do curso de Design Gráfico da PUC-Rio

Introdução

A proposta deste volume teve alguma inspiração no livro de Robin Williams, publicado em 1995 na Califórnia, com o título *A blip in the continuum* (seria uma tangente à massa contínua da história do design gráfico). O título é frase retirada do artigo "Cult of ugly", de Stephen Heller para a *Eye Magazine*, em que dizia que os designers estavam promovendo novas maneiras de fazer e ver tipografia, nas quais as antigas verdades estavam sendo rejeitadas em favor da imposição de uma discordância e desarmonia que podiam ser vistas como expressões pessoais, mas não como comunicação visual viável. O livro de Williams, que celebra a tipografia *grunge*, é uma coletânea de experimentações gráficas sobre frases que de alguma maneira tangenciam o design:

"Imagination is more important than knowledge" – Albert Einstein
"The function of readability is often taken too literaly and over

emphasized at the cost of individuality" – Paul Rand

Todas as frases são interpretadas tipograficamente, nas páginas ímpares, pelo próprio autor em parceria com o ilustrador John Tollett. Ao lado, nas páginas pares, ele descreve a(s) família(s) tipográfica(s) utilizada(s) no ensaio, com os devidos créditos. Grande parte dessas fontes representam a tendência "ugly" à qual o texto de inspiração do seu livro se referia.

Apesar de uma década ter se passado, e os olhos (profissionais e leigos) terem se acostumado com uma estética – ainda por vezes suja e caótica –, que não é mais considerada feia, parece ainda importante refletir sobre a revolução tipográfica dos anos 1990, cuja origem vem dos avanços tecnológicos da década anterior.

Eu mesma vociferei contra a detonagem que abatia a nossa secular herança tipográfica. Mas agora, passados os radicalismos, parece ter ficado uma proposta tipográfica interessante e inteligente. Que passeia entre a legibilidade e a leiturabilidade. (Ou a visibilidade!) Interagindo e brincando com o leitor, que passa a ter alguma interlocução com a peça gráfica. Mas não custa lembrar que em vários momentos da história da tipografia ocorreram mudanças nos padrões de legibilidade: com o gótico, o *art nouveau* e até os barroquismos de Lubalin na, década de 1970.

Nosso livro está, então, dividido em duas partes: *Os Tipos: meios de comunicação* e *As Grafias: meios de expressão*. Na primeira parte, passeamos superficialmente por momentos da história da tipografia. Falamos do tipo enquanto meio físico, mas claro, também de seu uso. A segunda parte é dedicada ao trabalho de designers e tipógrafos convidados. A divisão é necessária, mas os títulos são apenas provacativos. Para nós, tipografia é, de forma indissociável, meio de comunicação e de expressão.

Tipografia não é apenas a transposição fria de uma informação, mas um meio de expressão. Tipografia não é só o desenho da forma das letras, mas também da sua organização no espaço. Fazer tipografia não é só desenvolver uma nova fonte, mas é também fazer bom uso das fontes existentes.

O grupo de convidados para as nossas grafias abrange representantes de diferentes gerações, linguagens estéticas e posturas filosóficas. A cada designer foi outorgada uma página, na qual deveria representar, num ensaio tipográfico, uma frase de livre escolha, relacionada com a escrita, o alfabeto, a tipografia ou temas afins. As frases de autores estrangeiros poderiam ser apresentadas nas suas línguas originais, ou em versões em português. O ensaio tipográfico poderia ser a representação de toda a frase escolhida, ou de fragmentos desta. O trabalho deveria ser P/B para não dispersar a atenção do leitor para o que não fosse tipografia. Que julgamos ser expressiva o suficiente para se sustentar sem outros recursos. [As páginas em cor, no início deste trabalho, não deixam de ser uma provocação...]

O conteúdo das páginas ao lado de cada trabalho – informações sobre fontes utilizadas, ou comentários complementares - também foi solicitado aos colaboradores, e está sendo publicado como nos foi fornecido.

Estou muito bem acompanhada e o resultado final mostra uma rica diversidade de linguagens (nos trabalhos) e de filosofias (nas frases). Em primeiro lugar, gostaria de saudar a participação de Goebel Weyne. Nos meus tempos de ESDI – Escola Superior de Desenho Industrial – (1979-82), Goebel era um mito e representava os rígidos

preceitos racionalistas da Escola da [boa] Forma de Ulm, na Alemanha.
Ao longo desse tempo, porém, o trabalho de Goebel sempre
surpreendeu por sua contemporaneidade, o que aqui se confirmou.
Foi o único dos nossos convidados a não citar um autor. Ele pode.
Naqueles tempos de Helvéticas e Univers, vez por outra uma
Garamond ou Times (apenas para textos) surgia, na década de 1980,
o então capista da editora Nova Fronteira, Victor Burton,
introduzindo no meio gráfico brasileiro Bodonis, Palatinos e Caslons
em composições refinadas, cheias de ornamentos e barroquismos. A
frase escolhida por ele, para este nosso trabalho, é um presente.
Brinca com a sua história e com a nossa intenção de contrapor
estilos.
Reverencio também a presença de Tide Hellmeister, dono de trabalho
tridimensional, muito peculiar, de colagens e construções de letras. A
frase escolhida e o trabalho apresentado estão em perfeita sintonia.
Sobre peculiaridades, muito me falaram sobre a artesania do trabalho
tipográfico de Eduardo Bacigalupo, profissional de importante
trajetória, que eu não conhecia. Fiquei então surpreendida em receber
um [inteligente] trabalho digital. O tema que abordou pode render
longas discussões...
Fico também muito feliz com a presença de Sérgio Liuzzi e Ricardo
Leite. Quando na virada 1980/90 eles já representavam uma geração
de designers maduros e estabelecidos, tiveram a sensibilidade de
olhar para as letras moderninhas que apareciam no mercado.
Pessoalmente gosto muito do tema trazido por Ricardo: Saussure que
dava tanto valor à lingüística desprezava a escrita...
Claudio Ferlauto é outro de nossos veteranos. Depois de ter
entrevistado e traduzido Wolfgang Weingart, nos traz uma das

propostas deste tipógrafo utilizando-se da clássica e universal [célula mater] Akzidens Grotesk. No seu trabalho um pequeno detalhe se faz grande.

Outro Claudio, o Rocha, nos traz em composição limpa e elegante, com dois níveis de leitura, uma reflexão de Matthew Carter sobre a verdadeira função das letras, que é o conjunto. Conceito que se complementa com o trabalho seguinte de Cristiana Grether sobre frase do tipógrafo Dwiggings. Sobre Rocha vale a pena conferir os livros que assina sobre tipografia [ver seu curriculo no fim do livro]. Já Cristiana vem se posicionando muito bem no mercado de grandes empresas de design, mas passeia às escondidas pela tipografia. Que bom trazê-la à vista.

Tony de Marco, ao contrário, é uma das presenças mais conhecidas no meio tipográfico. Para um ex-tímido [vale a pena ler a sua biografia no fim do livro] ele bem sabe fazer rir as platéias que assistem às palestras sobre a revista *Tupigrafia*. Trouxe-nos sua premiada fonte Samba. [E também vale a pena conhecer as outras duas versões da fonte, que acrescentam detalhes e floreios às letras].

Billy Bacon é outra presença constante no meio tipográfico brasileiro. Aqui, não usou uma de suas várias fontes autorais. Recorreu a uma bem contemporânea para expressar paradigma de mais de cinco séculos. O trabalho por ele apresentado é vigoroso e cheio de contrastes, inspirando a curiosidade para a leitura de textos quase invisíveis.

A legibilidade foi o tema de Crystian Cruz e Emilio Rangel. Crystian com interessante experimento de Margo Chase. Emilio com uma virtuosa ilustração tipográfica sobre foto de Henrique Nardi. Também Nardi trouxe uma ilustração tipográfica de linguagem semelhante, brincando com o sentido da frase de Quignard.

Ainda fazendo do uso de letras uma padronagem não necessariamente legível – uma vez que não devemos nos ater ao objeto, e sim ao espírito – temos o trabalho de Gustavo Piqueira. Marcello Rosauro, que sempre desenvolveu trabalhos multimídia, trouxe-nos uma proposta que evidencia a mistura de linguagens gráficas. O texto escolhido é irreverente e fez parte da história de todo designer que hoje esteja com mais de 35 anos.

Eduardo Recife nos trouxe uma fonte autoral. O nome – Anti-Romantic – é bastante significativo. O resultado é uma interpretação literal e criativa da bela frase de Clarice Lispector.

Na categoria autoral temos ainda o segmento das fontes para texto, onde o trabalho do designer de tipos costuma ser mais árduo, precisando levar em consideração muito mais variáveis. Por isso Eduardo Berliner fez uma página tão limpa. Para evidenciar o desenho das fontes, utilizando-se de frase perfeita para este fim.

Já Luciano Cardinali usou muito texto em corpos pequenos para exibir as potencialidades da sua Paulisthania combinada, em diagramação primorosa, com a irmã Thanis.

Fernanda Martins mostrou, numa composição poética que valoriza o espaço branco, sua Ruben que também funciona em pequenos textos. Rodolfo Capeto nos brindou com a fonte Houaiss. Provavelmente, o mais complexo trabalho tipográfico já desenvolvido no Brasil. Contém diversas variações e foi criada sob encomenda para o Dicionário Houaiss da Língua Portuguesa. A proposta que Rodolfo nos traz reproduz parte do verbete "tipografia" do dicionário, e brinca com o sentido da sua primeira definição.

Totalmente no reverso do texto, temos Fábio Lopez. Apesar de bem jovem, já tem respeitável produção de tipogafias tecnicamente corretas mas, atualmente, a partir da visão de que algumas coisas são escritas para nunca mais serem lidas, vem desenvolvendo um trabalho conceitual sobre uma caligrafia que só é legível no ato da escrita. Assim é o trabalho quase gestual, a partir de fragmentos tipográficos, que nos trouxe.

Finalmente, apresento o mais novo do grupo: Bruno Cachinho. Recém formado, desenvolveu no projeto de conclusão da habilitação em programação visual uma interessante pesquisa sobre escritas no período barroco brasileiro que deu origem à fonte Lvdica que aqui nos apresentou.

Diversidade, então, não nos falta. E que venha sempre mais.

Ah!

Meus caros, essa que vos fala jamais desenhou um alfabeto. E nem tem pretenções de digitalizar uma fonte. O que não quer dizer que, por inúmeras vezes, não tenha desenhado ou redesenhado uma letra aqui outra ali para um título, logotipo ou capitular...

A minha aproximação mais formal com o tema, ministrando periodicamente um *workshop* [que trabalha **o uso** da letra e não o desenvolvimento de fontes] e escrevendo sobre o assunto, deveu-se ao fato de ter percebido, nas aulas de projeto gráfico, pouca intimidade dos alunos com a tipografia. O que vem melhorando muito, graças à própria produção nacional.

Os Tipos
Meios de comunicação

Dead History.

O fim da história? O recomeço de uma outra? Ou a história é uma só? Este é o nome do tipo criado por Scott Makella, em 1990, considerado o marco do final de uma era de fontes produzidas tradicionalmente. No catálogo da *Emigre* (revista que se converteu em produtora de tipos), a letra foi descrita como a personificação de uma nova atitude a respeito da criação tipográfica, caracterizada pelo desenho de fontes híbridas que são fundamentalmente o resultado da capacidade do computador de funcionar como perfeita ferramenta de montagem. No caso da Dead History, o casamento de partes da Centennial (da Linotype) e da Vag Ronded (Adobe). A fonte de Makella passou por vários redesenhos até ser licenciada para a venda em 1994.

A mixagem de fontes é uma vertente importante da tipografia

contemporânea. Com ela vieram nomes curiosos, que só são conhecidos pelos usuários iniciados... Goodbye cruel world...

Raramente as novas tipografias são autenticamente novas, mas criadas a partir da desconstrução e reconstrução de antigos alfabetos. Tony de Marco afirma, no primeiro número da sua *Tupigrafia*, que assim como um DJ que altera, mistura, recorta e cola as músicas para transformá-las em algo novo, o tipógrafo não pode ter medo da comparação.

No emaranhado de letras detonadas que invandiram o design gráfico dos anos 1990, é possível que, quanto mais autênticas fossem, menos sobrevivessem. O excesso já ficou para trás e datado, mas ainda vivemos uma febre tipográfica. A tipografia é a paixão da nova geração de designers. Se por um lado enriquece a cultura visual do meio gráfico, por outro nos faz tropeçar em fontes expelidas de qualquer jeito, nas quais faltam acentos, números e outros caracteres. O que já foi uma missão trabalhosíssima, para poucos iniciados, hoje ficou mais fácil. Se antes era produção ligada a grandes corporações, hoje é um trabalho que pode ser finalizado e distribuído domesticamente.

Ainda assim, desenvolver uma família tipográfica completa, complexa e tecnicamente boa, é um trabalho árduo e não simples divertimento. Ainda que seja divertido... Antigamente criar uma tipografia era o grande trabalho da vida de um artista, e por isso batizadas com os seus próprios nomes: Garamond, Caslon, Baskerville, Didot, Bodoni... Os tipógrafos eram artesãos – da pena e da tinta, da madeira e do metal – das etapas do ofício tipográfico. E muitas vezes editores e/ou escritores. O desenvolvimento completo de uma família tipográfica era trabalho para anos, e uma enorme variedade de caracteres e suas variações eram cuidadosamente pensados.

> Bodoni preparou durante anos o seu magnífico *Manual Tipográfico*, no qual exemplificou toda a variedade de tipos que havia criado, mas que só foi editado após sua morte, pela esposa.
>
>
>
> O volume contém 142 tamanhos distintos de suas tipografias romanas, todas do mesmo estilo, variando desde aproximadamente 4 pontos até 72. Ele achava necessário produzir uma gradação tal de caracteres, que o olho, ao passar de um a outro, praticamente não percebesse a diferença. Além de bordas, ornamentos e signos (astrológicos, medievais, musicais etc.) e também alfabetos desenvolvidos para outras culturas de escrita (hebreu, turco, árabe etc). O mais importante é que todo este repertório – por ele criado e por ele utilizado nos mais diversos impressos – gerou um estilo muito próprio, elegante e atemporal de composição e diagramação.

A história do alfabeto latino é um exemplo de intercâmbio entre povos e culturas, e caminhou aos poucos. As primeiras formas de escrita eram ideográficas e tinham que ser bem desenhadas para serem bem compreendidas. Mas eram reducionistas... Como representar lembranças, sentimentos, abstrações?

Os fenícios foram os primeiros a representar um sistema (simples) de escrita, em que cada símbolo – as consoantes – representava um som. Seu alfabeto de 1.500 a.c. deu origem aos alfabetos árabes e hebraicos que permaneceram sem vogais até hoje. Povo ligado ao comércio e às grandes navegações, espalhou-se pelo Mediterrâneo passando adiante seu alfabeto. A ele os gregos acrescentaram as vogais, novos caracteres e formas mais bem desenhadas – ainda que rústicas. Diz-se que todas as invenções e estudos desenvolvidos pelos gregos teriam se perdido, não fosse um alfabeto bem desenvolvido e o domínio que tinham da sua escrita. De um alfabeto parecido com o fenício – o aramaico – os gregos transformaram em vogais os sinais que não existiam na língua grega: A (alfa), E (epsilon), I (iota), O (onicron) e Y (upsilon).

Os etruscos, outro povo navegante, natural da península italiana, levam o alfabeto e doses de cultura grega para os romanos. As letras foram incorporadas aos projetos arquitetônicos e, apesar da existência anterior de outras escritas com apelo estético, é neste momento que **as nossas letras deixam de ser um sistema lógico de escrita e passam a ser tratadas como linguagem estética**.

As letras capitulares (maiúsculas), desenhadas pelos romanos (séculos 1 e 2 d.C.), eram bem traçadas e perfeitas para suas inscrições, mas não atendiam a necessidades cosmopolitas que foram ficando corriqueiras: documentos comerciais e legais, literatura, cartas, um aviso de venda ou uma lista de compras. Do século 1 ao 9 deu-se, então, o desenvolvimento das escritas cursivas, sendo que no primeiro século surge o traçado das letras minúsculas, no estilo que ficou conhecido como semi-uncial – escrita que logo foi adotada nos mosteiros, perpetuando a cultura romana em grandes volumes que atravessavam a Europa em lombo de burros de monges. Mas em cada monastério distante um estilo próprio de escrita gótica ia sendo caracterizado, até que o imperador Carlos Magno (*circa* de 789) organizou o sistema escolar de seus domínios e promoveu a padronização de um estilo de escrita para as cópias da Bíblia. Essa escrita, conhecida como Carolíngea, estabeleceu diferenças entre maiúsculas e minúsculas; eliminou as formas cursivas e as ligaduras entre as letras; encorpou as hastes dos caracteres; e criou o espaço entre palavras. Todas essas características foram utilizadas por Gutenberg na sua bíblia impressa com o tipo móvel, no século 15. Mas, desde o século 14 já vinha da Itália um movimento de rejeição às formas góticas. As letras – humanistas – arredondadas e largas que seguiam essas premissas, retornavam às proporções romanas clássicas nas maiúsculas. Ao longo dos séculos essas proporções sofreram alterações, mas de Baskerville (século 18) a Goudy (século 20) seus princípios são constantemente retomados numa prova de que lá está o ancestral comum da boa tipografia.

A história do alfabeto é fascinante, mas tipografia não é apenas o desenho das letras, e sim o desenho que se faz com as letras, a maneira como as letras são usadas numa diagramação. Tipografia é uma linguagem que tem como fonte de expressão o desenho das letras e o seu uso. Daí hoje serem enquadradas neste campo as expressões caligráficas e até o *grafitti*. Ou seja, o *lettering* de uma maneira geral.

O design de um arranjo de letras define claramente a identidade da sua mensagem, da instituição que representa, do evento que propaga, do seu público-alvo... E o estilo do designer, claro. Tipografia é a gramática básica do design gráfico, seu censo comum, disse Ellen Lupton em *Mixing messages*.

Para Wolfgang Weingart, em entrevista a Claudio Ferlauto, Tipografia é transformar um espaço vazio num espaço que não seja mais vazio. Isto é: se você tem uma determinada informação ou um texto manuscrito e precisa dar-lhe um formato impresso com uma mensagem clara que possa ser lida sem problemas, isso é tipografia. Mas esta definição tem o defeito de ser muito curta. Tipografia pode ser também algo que não precisa ser lido. Se você gosta de transformar partes desta informação em algo mais interessante, pode fazer algo ilegível para que o leitor descubra a resposta.

Praticamente, todo tipo de comunicação visual, seja em impressos ou no espaço urbano, em filmes ou mídias eletrônicas, emprega a tipografia. Algumas tornam-se transparentes, funcionando apenas como um canal para a leitura. Outras, num desenho pregnante de letras misturadas ou distorcidas, exigem a interação do leitor.

É linguagem. É produto cultural. Às vezes invisíveis, outras visíveis. Às vezes instigante, outras incômoda. Conservadora ou revolucionária. Tem o poder de preservar informações centenárias (de forma ou conteúdo) e torná-las acessíveis a um público cada vez maior. Tipografia e história estiveram intrinsicamente *linkadas* desde a invenção da imprensa. A permanência do livro impresso fomentou a sobrevivência dos tipos tradicionais e da diagramação clássica através dos séculos. A palavra escrita é o meio primário pelo qual a civilização moderna pode se expandir e a História, ser recordada. As letras impressas têm o papel de preservar as evidências da civilização em formas permanentes e tangíveis.

Através da tipografia, momentos estéticos podem ser absorvidos do passado, preservados na memória em estilos redescobertos ou reinterpretados em novas estruturas. Enquanto uma das mais ambiciosas abordagens do design gráfico no século 20 era rejeitar as antigas tradições na busca pela originalidade, o uso da tecnologia permitiu o acesso às heranças tipográficas, gerando incontáveis interpretações da tipografia de todas as épocas. Este acesso ampliou o vocabulário do design e fomentou boas discussões sobre as relações com o passado.

Hoje, o campo tipográfico e do design gráfico como um todo é bastante diverso. Alguns baseiam seus trabalhos nas relações históricas e regionais, enquanto outros se voltam na direção de novos terrenos. Alguns usam a tecnologia para revigorar o passado esquecido, outros se esforçam para inventar formas para desenvolver o futuro. Os limites da tipografia contemporânea esbarram, ao mesmo tempo, na recuperação do classicismo austero, na vanguarda tecnológica e na reprodução de modelos da cultura de massa e das manifestações vernaculares.

Circulando em todas as correntes, a tipografia será sempre um objeto de apropriação e reuso. Ela entra rapidamente em "domínio público", e estará sempre aberta a mudanças de significado.

Ao longo da História, os desenvolvimentos tecnológicos, fotomecânicos e digitais foram responsáveis pelas grandes transformações dos desenhos das letras. O pantógrafo, por exemplo, facilitou a ampliação dos tipos de metal, mas a revolução da produção de **TIPOS DE MADEIRA,** tradicionalmente utilisados nos grandes corpos dos cartazes e publicidades americanos, deveu-se, segundo Ellen Lupton, (Mixing Messages) a um pantógrafo associado à tupia, introduzido no mercado em 1834. [Os Wood Types tornaram possível o uso de corpos que seriam muito onerosos em tipos de metal.] Nos anos 1950, a grande e radical novidade é a passagem da produção a quente (linotipo) para a frio (fotocomposição). Finalmente, os anos 1980 são responsáveis pela revolução digital, que dará ainda mais recursos aos tipógrafos. Várias famílias existentes, inclusive de tipógrafos vivos, foram redesenhadas para ganhar em detalhes.

O crescimento da comunicação de massa do século 19, a evolução das mídias impressas (publicidade, revistas e jornais) e o crescimento de seu consumo estimularam o desenvolvimento de novas fontes. Se os primeiros séculos da tipografia coroaram a Europa e sua tradição editorial, o século 20 vai aos poucos exaltando a tipografia comercial americana.

O primeiro movimento europeu importante dentro das tendências modernas tipográficas, na transição dos séculos 19 e 20, é o

ART NOUUEAU

[não teria sido necessário um aprendizado desta nova legibilidade?]

com nítida continuidade no **Art Déco**

Ambos, ao contrário de outros movimentos artísticos, não foram dominados pela pintura, influenciaram as linguagens estéticas em geral, e ainda tiveram seus pintores expoentes envolvidos na criação de peças gráficas e objetos de decoração.

O primeiro movimento foi caracterizado pelas formas sinuosas e orgânicas que depois sofreriam uma releitura no movimento *hippie* dos anos 1960 que, utilizando-se do pscodelismo, espalhou muito pelo mundo. Já o *art déco* abandou as curvaturas em favor de um geometrismo, tendo em Cassandre (França) um dos seus expoentes, tanto nas ilustrações, quanto no desenho tipográfico.

Antes, por volta de 1918, muitos artistas russos, engajados na revolução socialista, empenham-se numa arte ideológica e graficamente simples, baseada nas formas geométricas básicas, visando uma comunicação de massa bem popular. Era o Construtivismo Russo. Entre eles estava Kasimir Malevitch, que vivera em Paris no início do Cubismo. O CONSTRUTIVISMO cria suas raízes entre as duas grandes guerras, na região da antiga União Soviética, Alemanha e Holanda, principalmente. Combinava palavras e imagens superpostas, tanto em impressos quanto em filmes. O trabalho tipográfico é pensado numa abordagem literal e conceitual, transformando o seu significado tradicional em um resultado de muita energia e em um tremendo poder de comunicação. O Construtivismo holandês ficou conhecido como De Stijl (O Estilo), e diz-se que firmou o "estilo do design" na gráfica e no mobiliário.

Ainda durante a Primeira Guerra, e relacionado com o movimento anarquista, estrutura-se o movimento dadaísta com a intenção de questionar valores sociais da época, destruir convenções e romper com as estruturas de representações formais. Chegou às artes plásticas, mas começou pelo texto (literatura e design) em Zurique. O movimento é curto. Seria enterrado pela Bauhaus, mas influenciou os designers gráficos por libertá-los das restrições retilíneas e por reforçar a idéia cubista do uso da letra como uma experiência visual. Alguns nomes expoentes:

Ainda no bojo modernista europeu do início do século passado, surge um dos marcos da história do design. Em 1919, Walter Gropius, um arquiteto estabelecido, dá início aos trabalhos da escola Bauhaus, em Weimar, Alemanha. Consegue reunir um grupo de professores que confere celebridade à instituição: Johannes Itten, Paul Klee, Wassily Kandinsky, entre outros. Em 1923, foi fundada a gráfica da Bauhaus sob a direção de Moholy-Nagy e, em 1925, a tipografia tornou-se um curso regular que teve em Herbert Bayer figura importante no desenvolvimento de alfabetos experimentais, sem maiúsculas e com desenho geométrico de curvas acentuadas.

A primeira onda do modernismo tipográfico europeu vai respingar na América por volta dos anos 1930, quando alguns artistas representantes dos movimentos de vanguarda do velho continente, como Herbert Bayer, Alexey Brodovitch e Lazlo Moholy Nagy (este funda a New Bauhaus em Chicago), emigram para os Estados Unidos, onde puderam promover o intercâmbio entre as teorias e formas modernistas e a cultura de consumo que, então, já era a mais desenvolvida do mundo. A nova tendência buscava ser elementar, rejeitando a emoção dos gestos individuais, o monumentalismo tipográfico, as heranças medievais ou os eixos centralizados.

Uma segunda onda de modernismo europeu atinge os Estados Unidos no final dos anos 1950, com os dogmas – racionalismo, sistemática e metodologia – das escolas suíças da Basiléia e Zurique que norteavam diagramações limpas e frias sobre *grids* rígidas, símbolos geométricos e simétricos, fotos simples e diretas. Era a procura de uma linguagem visual universal, que seria abraçada por uma

pequena subcultura do design americano nos anos 1960 e 70.
A fonte Helvética – cujo nome vem de *Helvetia* (Suíça) – tornou-se sinônimo do que foi chamado de *design suíço* ou *tipografia suíça*. O arquiteto italiano Massimo Vignelli, depois de trabalhar com o designer suíço Max Huber, nos anos 1950, emigrou para os Estados Unidos em 1965, sendo um dos representantes desta corrente. Seu estilo ficou personalizado pelos grossos fios horizontais que compunham uma diagramação limpa e altamente legível.

A história vem de longe. A primeira letra sem serifa é de 1816, desenhada por Willian Caslon IV. Um pouco tosca... Ou grotesca? Mas ainda no século 19 (1898) teremos a letra de Hermann Berthold Akzidenz-Grotesk, que ficou conhecida como Akzidenz-Grotesk. A partir dela, *grotesk* ou *grotesca* entraram para o vocabulário gráfico como sinônimo de letra sem serifa. E a Berthold AG seria uma das grandes fundições européias de tipos gráficos.

A Gill e a Futura são de 1927. A Univers e a Helvética, de 1957. A Univers é de Adrian Frutiger, suíço de 1928, que se mantém em espetacular atividade profissional no século 21. Sua formação vem da escola de Zurique, onde aprendeu a trabalhar com letras como a

Akzidenz-Grotesk. Com Walter Käch – que decalcou as inscrições da coluna romana de Trajano para desenvolver a Trajan – aprendeu que as sem serifa, ao contrário da dura proposta construtivista, poderiam ter variações de grossos e finos entre ascendentes e descendentes, horizontais e verticais, além de variações harmoniosas numa mesma curva.

Em 1952, Frutiger foi trabalhar em Paris, na tipografia Deberny & Peignot. A novidade tecnológica de então era a fotocomposição e, em meio às discussões sobre o uso da Futura ou outra grotesca na fotocompositora, resolveu propor uma alternativa.

A **Univers** foi pensada especificamente para a nova tecnologia, e em função dela podia sair da trindade regular, itálico e bold. Entre suas inovações estão a quantidade de variações (21) e suas nominações que seguiam uma codificação internacional de dois dígitos: 55 é a versão regular, na qual 50 representa o peso e 5, a largura. Terminações pares são itálicas, terminações em 3 são versões extendidas e em 7, 8 e 9, condensadas. Os pesos maiores são os 60, 70, e 80; e os pesos mais leves são 50, 40 e 30. [Atualmente sua nomenclatura é de três dígitos.] Entre seus outros grandes feitos estão a própria **Frutiger** (anos 1960 e 70), outra sem serifa que demonstra muito mais personalidade que as suas antecessoras. Originalmente foi desenhada para a sinalização do aeroporto de Paris, mas se tornou uma excelente opção para texto. O outro foi a **O C R − B** (1961 a 66), padrão mundial para máquinas de reconhecimento ótico de caracteres em que o desafio era diferenciar **0** e **O**, **D** e **O**, **B** e **8**. Virou um ícone da representação da tecnologia visual, por isso mereceu uma série de releituras moderninhas contemporâneas.

No fim dos anos 1960, Wolfgang Weingart, professor da escola de design da Basiléia, começou a trabalhar composições mais complexas que fugiam ao vocabulário modernista de *grids*, barras e espaços geometricamente demarcados, ainda que utilizando-se de *letras suíças* e princípios modernistas. Seu trabalho ficou conhecido nos anos 1970 e 80 como *New Typography* [que em alemão: *Die Neue Typographie* é o título do livro, de 1928, do tipógrafo e calígrafo Jan Tschichold, então com apenas 26 anos. Primeiro livro concebido para artistas gráficos e tipógrafos, difundia os movimentos de vanguarda europeus daqueles anos, proclamando o início de uma nova cultura].

Em mais uma de suas definições, tipografia significa a organização visual de um determinado espaço com relação a uma intenção funcional específica e é uma relação triangular entre idéia de design, elementos tipográficos e técnicas de impressão.

Wolfgang explica que existem pelo menos duas orientações para a tipografia suíça [ou não suíça, na minha opinião]: Uma delas é a bem conhecida orientação moderada – objetiva ou racional, com seus princípios e métodos de design. Outra orientação é uma tendência mais nova para um tipo de tipografia vívida e relativamente livre. Ela renuncia aos amplos dogmas do design e tende a parecer heteredoxa. Mas esta segunda direção é impensável sem a "tipografia suíça clássica", na medida em que é um desdobramento lógico dela.

O americano Dan Friedman foi aluno de Weingart em 1968 e, de volta aos Estados Unidos, introduziu sua metodologia nas Yale School of Art e State University of New York, onde lecionava. No manifesto que publicou em 1973, rejeitava a legibilidade estandarizada em função da leiturabilidade relativizada, argumentando que uma diagramação mais complexa envolve a inteligência e a emoção do leitor. Friedman dizia que, ao contrário de Weingart, não precisava reagir contra a escola suíça, porque este racionalismo, de fato, não existia na América. Sua proposta era criar um método de ensinar regras, mas também de quebrá-las. Ele mostrou aos jovens designers dos anos 1970 como respeitar e desafiar, ao mesmo tempo, os princípios do modernismo.

Entre os alunos americanos de Weingart, também esteve April Greiman. Ela retornou a Los Angeles em 1976 e nos anos 1980 e 90 estava exibindo um trabalho forte, moderno e de inspiração tecnológica. Muito representativo do que seria chamado *estilo californiano*.

Bem antes, porém, o trabalho de Herb Lubalin transformara a tipografia comercial americana nos anos 1960 e 70. Seus logotipos, de uma simplicidade genial, revelavam a capacidade expressiva da letra. Tirando proveito dos meios fotográficos, pode fazer uso de uma interação entre os caracteres que seria difícil, ou impossível, nos tipos de metal. Seu trabalho propunha uma ruptura dos padrões clássicos e, para a época, dos padrões de legibilidade, para valorizar o aspecto formal. Foi a escola de toda uma geração.

Com Tom Carnese, em Nova York, Lubalin reinterpretou, em linguagem pop os ornamentos vitorianos.

A Avant Gard (1967), inspirada na Futura (1927) de Paul Renner, foi desenhada por Carnese a partir do logotipo e titulagens de Lubalin para a revista de mesmo nome. Esta tipografia rejeita as características modernistas européias em favor de uma profusão de maneirismos formais. A proposta de ligaduras e interações entre os caracteres é bastante engenhosa, e o tipo caiu no gosto dos designers que usavam letraset na década de 1970. Ficou extremamente datada.

Muito mais do que a Futura, que apesar de guardar características do geometrismo *art déco*, é baseada nas proporções clássicas. Talvez o grande problema da Avant Gard seja o fato de ter sido concebida como uma letra *display*, mas ser usada como texto –

graças aos PCs... Mas contam as más línguas que nem o Lubalin gostava da Avant Gard, e preferia a Futura...

Ed Benguiat, contemporâneo de Lubalin, valendo-se

e explorando a capacidade de reprodução fotográfica, também celebrou o ecletismo formal nas letras e ornamentos que desenhava. Desenhava. No papel e à mão.

Lubalin se autodenominou *expressionista tipográfico* e em sintonia com outras manifestações americanas se opunha ao purismo europeu, especialmente da Suíça pós-Segunda Guerra. Ele dizia que design intelectual não era a sua praia, mas que *ideação* [*ideation*], sim.

A New Typography floresceu nos Estados Unidos, através da Cranbrook Academy of Art, em Michigan, que se tornou um centro de design experimental entre os anos 1970 e 80. Baseados no pós-estruturalismo literário, Katherine McCoy e seus alunos desenvolveram um "discurso tipográfico" baseado na sobreposição de palavras e imagens que necessariamente precisavam ser interpretadas. Rejeitavam a distinção entre *ver* e *ler*, defendendo que uma imagem podia ser lida e que um texto, ser visto.

É também de Cranbrook o movimento de legitimação das expressões vernaculares das subculturas americanas. Os alunos aprendem a misturar a austeridade modernista com elementos da cultura de massa. Enquanto a Nova Tipografia modernista canonizava Futuras, Helvéticas e Univers, a Nova Tipografia americana firmou-se pela revolução digital e trouxe uma tempestade de letras.

Desde a metade dos anos 1980, quando o uso dos microcomputadores e a tecnologia digital se espalharam, principalmente entre designers americanos, que a tipografia se sofisticou muito, transformando não só a linguagem dos designers, mas a percepção visual de seus usuários. As tecnologias para misturar textos e imagens tornaram-se poderosas, mas também acessíveis, assim como a quantidade de fontes disponíveis no mercado. Incrementando a consciência da cultura tipográfica. O que antes era um item reservado a bibliófilos e designers passa a pertencer ao discurso de qualquer usuário de computador.

O Apple Macintosh é de 1984. Em 1986, a linguagem *post script* (que preserva as características de fontes, imagens e páginas), introduzida pela Adobe Systems, permitiu que a mesma visualização das fontes permanecesse em monitores, impressoras a laser e saídas de alta resolução, além de permitir, também, condensação, expansão, *outline* e *shadow*.

O Mac e os *softwares* especializados deram ao designer ingerência sobre vários momentos da transformação ou produção do trabalho, como o retoque de imagens. O *desktop publishing* trouxe um novo *apetite tipográfico* aos profissionais, estudantes e à classe média em geral, que passou a ter acesso a programas gráficos. E, em 1990, os pacotes de *softwares* já estavam bem completos.

O *software* Fontographer, bem específico para o desenho de fontes, foi introduzido no mercado em 1986, e possibilitou verificar facilmente sua nova letra, em palavras ou linhas, em diversos tamanhos, reduzindo drasticamente o trabalho que durava meses ou anos.

Com o computador, os *type designers* contemporâneos podem viajar através da História, reproduzindo fielmente antigas letras, restaurando escritas remotas ou dando novas e livres interpretações para alfabetos centenários. A versão da Adobe, de 1988, por Robert Slimbach, para a Garamond – letra que sofreu várias alterações em relação ao seu desenho original do século 16, principalmente ao longo do século 20 – preservou bem as características históricas por meio do escaneamento de provas originais do século 16.

Mas uma nova *foundry* americana abriu caminhos irreversíveis para as novas tendências tipográficas. A Emigre Fonts, fundada nos anos 1980 por Rudy VanderLans e Zuzana Licko, na Califórnia, em função das fontes utilizadas na revista *Emigre*, onde VanderLans era editor e diretor de arte, e Zuzana, designer. Publicação esta que logo se tornou uma referência internacional no design e na tipografia experimental. Inicialmente era um tablóide de/para artistas, fotógrafos, poetas e arquitetos, criado por VanderLans – holandês que, em 1981, foi para a Universidade de Berkeley aprimorar seus estudos – e mais dois imigrantes holandeses, em 1984. Sua tiragem inicial foi de quinhentos exemplares, e por falta de recursos, o texto era datilografado e ampliado para o formato final em fotocopiadoras.

Zuzana Licko – sua esposa, tcheca de nascença criada nos Estados Unidos, teve acesso rápido ao computador em função da profissão do pai (biomatemático) – estava começando a trabalhar com o recém-criado Macintosh. Com ele, começou a criar fontes *bitmap* para a publicação. Letras como as **Matrix** e Modula foram concebidas com um desenho simples por carências técnicas. Mas esta relativa dureza dava margem aos *layouts* inovadores de VanderLans, e tais fontes começaram a ser requisitadas por seus leitores, que tinham um alto nível de sofisticação visual. A revista caracterizou-se por uma editoria muito opinativa, e, numa mesma matéria, o texto ia correndo pelas páginas em diferentes corpos, fontes ou bitola de colunas. Impressão de mudar de ritmo e humor de acordo com o assunto, conquistando designers que exploravam novos territórios como David Carson.

Suas fontes e estilo, que foram considerados feios, eram então assimilados pela mídia eletrônica e a cultura de massa. Zuzana chegou a dizer que, se no início teve dificuldades de ter seu trabalho levado a sério, depois passou a ter problemas em parar de ser copiada.

Para VanderLans e Licko, a legibilidade mostrou-se não ser uma qualidade intrínseca da letra, mas algo alcançado pelo uso. Seu credo é de que as pessoas lêem melhor aquilo que mais lêem.

Paralelamente, Neville Brody, designer inglês e um dos tipógrafos mais importantes da década de 1980, admitiu, há anos, ser impossível não se deixar seduzir pela estética da máquina ao se iniciar na utilização do computador. Se no início as formas e imagens deveriam ser, propositadamente, mal definidas, evidenciando sua composição por pontos digitais, hoje isto não é mais preciso. Explora-se a perfeição ou imperfeição *by computer*. Exploram-se as possibilidades que o computador oferece, que seriam impossíveis sem ele: tanto o limpíssimo acabamento como as distorções e sobreposições.

Brody soube ser sujo e elegante numa perfeita sintonia com o mundo *pop* que representava nas capas de disco e revistas. *The Face* foi a revista mais copiada da década. Sua proposta era romper as estruturas tradicionais. Cada página dupla tinha uma enorme liberdade de linguagem, mas o conjunto deveria ser um todo, em que uma página do início se relacionava com outra do final. O que ele chamou de **aspecto tridimensional da revista.**

Na década seguinte, o paradigma seria a revista americana de música alternativa *Ray Gun* – nome de uma arma de raio *laser* usada pelos heróis dos anos 1950 – e seu designer David Carson.

A *Ray Gun* foi um marco na estética *grunge* e exemplo de sucesso da filosofia de que a legibilidade não era mais um critério absoluto. Segundo Carson, o objetivo não era exatamente ser *grunge*, mas ser o reflexo de uma realidade. Suas páginas complexas, fracionadas, cheias de imagens explosivas e tipografias mutantes agradaram completamente seu público *cult* – jovens de mais

ou menos vinte anos, telespectadores da MTV. Foi fenômeno de vendas desde seu lançamento, em novembro de 1992, e em apenas 11 números sua tiragem passou de 55.000 para 120.000 exemplares. David Carson virou modelo indiscriminado, e mal copiado, mundo afora. Em sintonia com a revolução tipográfica que acontecia no início dos anos 1990, o livro *Typography now - the next wave*, editado por Rick Poynor, virou referência polêmica. Uma das questões nele levantadas é sobre as novas possibilidades estéticas oriundas do computador, que originaram uma reavaliação da feiúra ou da falta de arte. Num dos depoimentos, o designer americano Barry Deck diz que o ponto de partida para o design de uma letra não eram mais as tradicionais noções de legibilidade ou elegância, mas a grande subjetividade e arbitrariedade narrativa.

Pós-modernismo, desconstrutivismo, tipografia da nova era, *cutting-edge typography*, maneirismo tipográfico, estética *grunge*. Todos os nomes, com algumas pequenas diferenças filosóficas por trás, atendem ao excesso tipográfico que dominou o final dos anos 1990. Mas ainda estamos vivendo o momento da tipografia. Por um lado em função da quantidade [cada vez maior] de mensagens de todo tipo, e de mensagens escritas, às quais estamos submetidos. Faz-se, então necessário que a tipografia chame atenção para si, antes de ser lida. Por outro lado, graças às facilidades tecnológicas que insinuam ser fácil manipular uma letra. Fato é que as letras adquirem uma personalidade forte, e os novos desenhos e tendências são amplamente divulgados. As facilidades são muitas. A liberdade é total. E por isso tem um lado mais difícil. É difícil diferenciar-se e permanecer. Faz-se necessário, então, um profundo conhecimento tipográfico, incluindo as regras clássicas. Aliás, vivem sorridentes entre nós as anciãs Garamond (século 16), Caslon, Baskerville ou Bodoni (século 18).

À parte os experimentalismos, as fontes digbets e as brincadeiras descompromissadas, existem características mínimas [que devem ser seguidas] para o reconhecimento de um caracter. Ou para manutenção de uma certa harmonia, que nos foi transmitida de geração em geração.

Tony de Marco, comentando sobre o processo de seleção de trabalhos para o catálogo *Fontes digitais brasileiras*, observou terem aparecido centenas de exemplos semelhantes, numa matriz variando do pouco formoso ao horripilante, pelo fato de os caracteres estarem encaixotados numa grade muito rígida, que não respeita a triangularidade das letras A e V nem permite larguras generosas como pedem o M e o W. Sem falar nas bizarras soluções para o coitado do I.

Voltamos, então, a Wolfgang Weingart mais uma vez: É bom deixar claro que há lugares em que é possível usar o caos — como um pôster — e outros em que não é possível, como um catálogo. Ele salienta que alguns produtos são *contra-informativos* ou *antitipográficos*. Mas contemporiza: Há 25 anos era difícil ler esse tipo de tipografia porque era, aos olhos daquele tempo, uma novidade. Hoje [anos 1990], todo mundo consegue ler com facilidade, ninguém diria que é um caos.

A nova tipografia mudou a cultura visual e os critérios de legibilidade contemporâneos. O *type design* foi desmistificado, mas não sozinho. Todo um universo de recursos gráficos – que, pode-se dizer, podem ser usados para o bem ou para o mal – está acessível... Os meios tecnológicos facilitadores criam uma liberdade de expressão que extasia uns enquanto assusta outros – os guardiões do *bom gosto*.

Até hoje, a cada versão do Photoshop, há uma certa onda de exageros de efeitos, que enamora-se, principalmente, dos novos iniciados.

São as ambigüidades do mundo pós-moderno que trazem à tona uma nova lógica, ao mesmo tempo racional-digital e caótica-expressiva.

Handmade ou *readymade*? A polêmica artistico-artesanal x industrial, e intuitivo-poético x racional reaparece. Ela é na verdade

? muito antiga. Na história do design, já no início do século 19 tinha seus representantes em Morris (artesanal) x Cole (industrial). A contraposição do racionalismo x intuitivo já ganhou várias roupagens. Uma delas foi moderno x pós-moderno. O primeiro buscando uma linguagem única e universal, o segundo passeando pelos mais diversos estilos. Se nos primeiros tempos o pós-modernismo foi apontado como uma manifestação estilística que atingiria apenas alguns segmentos do mercado – como as indústrias de eventos, moda e entretenimento –, e por um curto espaço de tempo, na verdade demonstrou-se capaz de gerar novos paradigmas, novas referências e absorver também o design institucional, no qual o racionalismo sempre ditou as regras.

Para Vanni Pasca, teórico italiano, uma questão que sempre reaparece significa não estar solucionada. Talvez esteja nesta dicotomia a própria essência do design.

Enfim, num país de pouca cultura visual [mas não de pouca visualidade], aqui estamos nós fazendo design. Algumas vezes com intenção mais universal, algumas vezes com intenção mais regional, mas com um evidente [novo] interesse pela tipografia. E já com uma considerável produção tipográfica. Exposições, congressos e publicações recentes comprovam. Tradição, não, não temos...

Mas criar novas tipografias é apenas uma possibilidade. A prática do design gráfico envolve, na verdade, uma escolha acertada entre um vastíssimo repertório de fontes existentes, para organizar um espaço gráfico de forma inteligente. Os alunos costumam perguntar: como escolher **a** letra certa? A princípio, não existe apenas uma, mas algumas possibilidades "corretas". [E qual é o conceito de correta? A mais bonita? A mais legível? A mais bem contextualizada historicamente?]

Um bom caminho é ouvir o som do texto [e sentir o cheiro das letras]. Não existe informação monocórdica, então tamanhos, pesos e variações já ajudam a enfatizar ou minimizar conceitos. Tudo bem não criar uma nova fonte, mas nada contra mexer um pouquinho aqui e ali. E se querem conselhos: esqueçam as entrelinhas e entreletras automáticas. Confiem nos seus olhos! E claro, usem filtro solar. Disso, já falaram, não vão se arrepender...

Entre desenhos históricos e contemporâneos, cada família agrega distintas qualidades físicas e conceituais, isto o designer tem que perceber. Mas respire fundo... O tipógrafo pode criar um alfabeto com uma intenção, mas uma vez que a fonte entra no mercado, torna-se propriedade de quem – qualquer um – a adquire e usa ■

As Grafias
Meios de expressão

Billy Bacon

Quase todas as fontes romanas italianas da última metade do século 15 tinham um ar de 'proteção' e de bem-estar generoso, extremamente agradável aos olhos. De fato, não existe nada melhor do que os delicados tipos romanos italianos em toda a história da tipografia.

D. B. UPDIKE
in *Printing types*

Vendetta | John Downer | 1999 | Emigre

D. B. Updike
Daniel Berkeley Updike, *1860-1941, editor/impressor americano e historiador tipográfico que, em 1893 fundou na cidade de Boston, Massachusetts, a* MERRYMOUNT PRESS.
Seu lema era: 'TO DO COMMOM WORK WELL', *ou algo como* 'PROJETOS SIMPLES, PORÉM BEM PRODUZIDOS'. *Durante sua vida profissional, depositou em seus projetos gráficos uma rara combinação de simplicidade, beleza, estilo, elegância e funcionalidade. Influenciado por William Morris, inspirou e instruiu editores e impressores, através da excelência de suas obras.*
Printing Types: Their History, Forms, and Use (1922, 2d ed. 1937) *é uma referência absoluta no assunto, fundamental para todos aqueles interessados em artes gráficas.*

Bruno Cachinho

(...) porque os discursos hão de ser vestidos e ornados de palavras.

PADRE ANTONIO VIEIRA
Sermão da Sexagésima, 1655.

Lvdica | Bruno Cachinho | 2004

Nascida da necessidade de responder a pergunta se existe ou não uma tradição brasileira tipográfica, Lvdica constitui-se de uma nova fonte, rica em referências barrocas. A primeira referência esta na própria forma de escrevê-la, o "v" no lugar da letra "u" (referência latina e de várias escritas portuguesas da época). É nova, no sentido de não buscar um *revival* de um trabalho específico, e sim por adotar soluções gráficas de calígrafos, pintores e escultores do tempo da colonização do Brasil na região de Minas Gerais. Tais artistas podem ser considerados verdadeiros jogadores em relação à censura da Coroa Portuguesa; e olhar seus trabalhos é optar por um novo conceito de tipografia que se afasta das questões técnicas de impressão, aceitando as formas de letras como uma consideração válida.

OS DISCURSOS
hão de ser
VESTIDOS
e
ORNADOS
de
PALAVRAS

MDCLV

Claudio Ferlauto

Hoje os *softwares* eletrônicos são usados globalmente. Esta é uma das razões por que os resultados parecem lugares comuns e ordinários. Para mudar esta tendência, os designers deveriam usar o seu próprio *software*, personalizado e sob medida, feito em colaboração com um programador.

WOLFGANG WEINGART
in Future History
Regional Educational Conference
University of Illinois, Chicago, outubro de 2002.

Tipo | Berthold Akzidens Grotesk
Nome PostScript | Akzidenz GroteskBE-Cn
Fonte no título | Akzidenz Grotesk Bold corpo 28
Fonte no texto | Akzidenz Grotesk Light corpo 28
Autoria metal | H. Berthold AG, 1896
Autoria digital | Günter Gerard Lange, 2003

As principais qualidades desse tipo, na opinião do historiador americano Philip B. Meggs, são a harmonia e a clareza. Isso fez dele inspiração para as sem serifas criadas depois da Segunda Guerra Mundial. Foi popular na Bauhaus, na Hochschule für Gestaltung em Ulm e nas escolas suíças de Zurique e Basiléia. Foi extensamente usada por Armin Hofmann, Carlo L. Vivarelli, Josef Müller Brockmann, Emil Ruder, Rudolf deHarak, Siegfried Odermätt, Rosmarie Tissi, Max Bill, Anthony Froshaug e Weingart.

Proposta 10

Hoje os softwares eletrônicos são usados globalmente. Esta é uma das razões porque os resultados parecem lugares comuns, ordinários. Para mudar esta tendência os designers deveriam usar o seu próprio software, personalizado e sob medida, feito em colaboração com um programador.

Claudio Rocha

Nós tivemos 550 anos de tipos móveis, agora nós temos tipos mutáveis.

O paradoxo central do design de tipos é que, em um sentido estrito, nós desenhamos letras, mas letras não são o nosso produto. Nós somos, na realidade, designers de palavras; somente em combinação é que as letras se tornam tipos. O que os leitores lêem são as formas das palavras, não as letras individualmente. Designers de tipos devem, desde o princípio, olhar paras as letras compostas horizontalmente em uma linha. É fácil pensar nas letras como sinais pretos sobre um fundo branco. Designers de tipos pensam nos tipos como espaços brancos separados por sinais negros.

MATTHEW CARTER

Mantinia | Matthew Carter | 1993

HE CENTRAL PARADOX OF TYPE DESIGN IS THAT IN AN IMMEDIATE

WE HAVE HAD

SENSE WE DESIGN LETTERFORMS, BUT LETTERFORMS ARE NOT OUR

550 YEARS OF

PRODUCT. WE ARE REALLY WORD-SHAPE DESIGNERS; IT IS ONLY IN

MOVEABLE TYPE

COMBINATION THAT LETTERS BECOME TYPE. WHAT READERS READ IS

NOW WE HAVE

WORD SHAPES, NOT INDIVIDUAL COMPONENT LETTERS. TYPE DESIGNERS

MUTABLE TYPE

HAVE TO LOOK AT LETTERS SET TOGETHER IN HORIZONTAL LINES FROM

THE OUTSET. IT'S EASY TO THINK OF TYPE AS BLACK MARKS STANDING ON A

WHITE BACKGROUND. TYPE DESIGNERS THINK OF TYPE AS WHITE

SPACES SEPARATED BY BLACK MARKS. MATTHEW CARTER

Cristiana Grether

Will they behave decently when combined into words?

Será que elas se comportarão decentemente quando formarem palavras?

WILLIAM ADDISON DWIGGINGS
Designer de livros e tipógrafo americano, criador da fonte Caledonia.

Grether Regular | Cristiana Grether | 2000

Esta tipografia foi desenvolvida durante o curso de Mestrado na Pratt Institute, Nova York, sob a supervisão do professor Tony DiSpigna, com o intuito de funcionar como tipografia para texto corrido.

Crystian Cruz

Se é letra, é legível.

Erik Spiekermann
Tipógrafo e type designer alemão, autor
das fontes Meta e ITC Officina, criador da
Typefoundry FontShop e autor do livro
Stop stealing sheep & find out how type works

Edit bold | Margo Chase | 1997 | T-26

A tipografia Edit explora de uma maneira muito interessante os limites da legibilidade dos caracteres. Baseada no princípio da subtração de partes estruturais das letras, Margo Chase chegou ao limite do reconhecimento de cada caracter, gerando um questionamento muito pertinente, como: que elementos estruturais de um 'g' são necessários para o reconhecimento de uma letra 'g'?

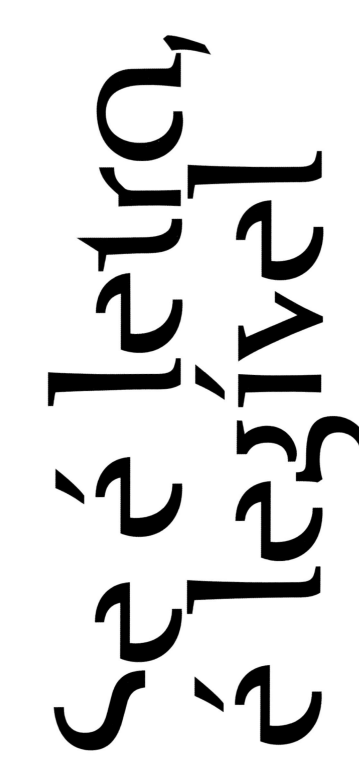

Eduardo Bacigalupo

The typographical industry has changed from a process which once clanged into one which now hums.

(A indústria tipográfica deixou de ser um processo estrondoso para se converter apenas num suave rumor.)

MARTIN SOLOMON
Designer gráfico, tipógrafo e diretor de arte
Professor da Parsons School of Art and Design

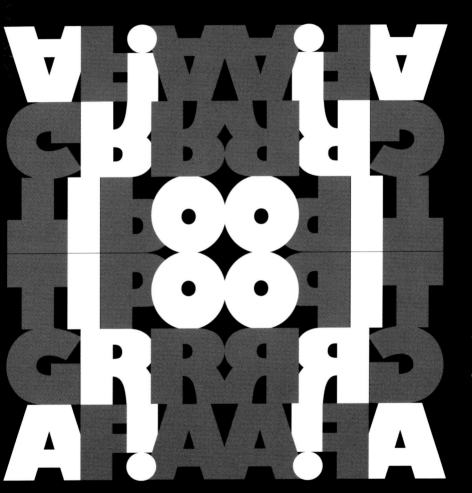

Eduardo Berliner

Eu preciso destas palavras-escrita.

ARTHUR BISPO DO ROSÁRIO

Pollen Roman | Eduardo Berliner | Fonte da Saudade
Pollen Bolde | Eduardo Berliner | Fonte da Saudade
Pollen Italic | Eduardo Berliner | Fonte da Saudade
Yoga | Eduardo Berliner | Fonte da Saudade
Formica | Eduardo Berliner | Fonte da Saudade

Eu preciso destas palavras escrita.
Eu preciso destas palavras escrita.
Eu preciso destas palavras escrita.
Eu preciso destas palavras escrita.
Eu preciso destas palavras escrita.

Eduardo Recife

Mas já que se há de escrever, que ao menos não se esmaguem com palavras as entrelinhas.

CLARICE LISPECTOR

Anti-Romantic | Eduardo Recife | 2005 | MisprintedType

"MAS JÁ QUE SE HÁ DE ESCREVER, QUE AO MENOS NÃO SE ESMAGUEM COM PALAVRAS AS ENTRE-LINHAS."

Emilio Rangel

Letras são legíveis. Se não são legíveis, não são letras. Letras ilegíveis não existem.

PETER MERTENS

Univers Regular

Ilustração tipográfica feita com grande colaboração de Gabriel B. Marques (programador) a partir de foto de Herbert Baglione fazendo letras, por Henrique Nardi.

Fabio Lopez

Letters are things, not picture of things.

ERIC GILL

caligrafia vetorial + fragmentos tipográficos

Algumas coisas são escritas para nunca mais serem lidas. A caligrafia pode aprisionar no papel não apenas o momento, mas também a verdade, registrando no passado um instante irrecapturável da vida. Sua expressividade é capaz de subverter a lógica da comunicação num paradoxo sem igual: ao mesmo tempo em que aprisiona o significado, liberta a palavra para existir – não mais como uma representação do mundo concreto – mas como um objeto de vida própria.

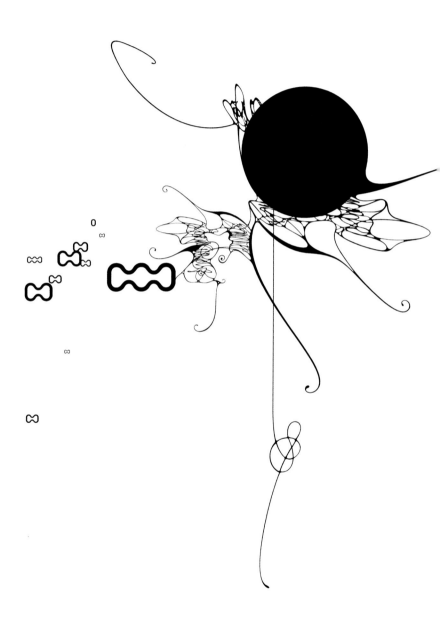

Fernanda Martins

Do barro nascem os jarros,
mas o espaço vazio
dá origem à natureza do jarro.

Eis o princípio:
A matéria contém em si
o utilitário,
mas o espaço vazio
gera a essência verdadeira.

LAO-TSÉ

Avenir | Adrian Frutiger
Ruben | Fernanda Martins

Do barro nasce o jarro, no espaço vazio nasce a natureza do jarro.

A matéria
contém
em si
o utilitário,

o imaterial
gera

a essência
verdadeira.

Goebel Weyne

Escrita é uma representação da língua falada por meios de signos gráficos. Tipografia - ars artificialiter scribendi é o modo eletrônico de escrever.

Quais são os critérios aplicados às formas das letras?

Futura | Paul Renner | 1927
m | Goebel Weyne | 2oo4

Alfabeto tipográfico bitmap. Tem como elemento modular o quadrado que configura as diferentes formas dos signos. A letra é o signo básico. Por meio da similaridade das partes e detalhes formais, vistas como pertencentes ao mesmo sistema. O alfabeto é o estoque de signos.

escrita

é uma representação da língua falada

por meio de signos gráficos

futura paul renner 1927

tipografia

é o modo eletrônico de escrever

m goebel weyne 2004

Gustavo Piqueira

Só a percepção grosseira e errônea põe tudo no objeto, quando tudo está no espírito.

MARCEL PROUST

FinalFont | Gustavo Piqueira / Rex Dcsign | 2003

Henrique Nardi

Quem escreve, cala-se...

Pascal Quignard

Helvética | Max Miedinger | 1959

QUEM ESCREVE, CALA-SE...

P. QUIGNARD

Luciano Cardinali

Type well used is invisible as the perfect talking voice is the unnoticed vehicle of the transmission of words and ideas.

Tipografia, quando bem usada, é invisível como tipo, assim como uma voz perfeita é um veículo neutro de transmissão de palavras e idéias.

BEATRICE WARD

Pesquisadora americana em tipografia, com interesse em caligrafia e design de tipos. Trabalhou para a revista *Fleuron*, editada por Stanley Morison, na qual publicou pesquisa sobre os tipos Garamond e os designs de Jean Jannon (1900-69).

Thanis | Luciano Cardinali | 2001 | FontH
Thanis Text | Luciano Cardinali | 2002 | FontH
Paulisthania | Luciano Cardinalir | 2003 | FontH

"Imagine that you have before you a flagon of wine. You may choose your own favorite vintage for this imaginary demonstration, so that it be a deep shimmering crimson in colour. You have two goblets before you. One is of solid gold, wrought in the most exquisite patterns. The other is of crystal-clear glass, thin as a bubble, and as transparent. Pour and drink; and according to your choice of goblet, I shall know whether or not you are a connoisseur of wine. For if you have no feelings about wine one way or the other, you will want the sensation of drinking the stuff out of a vessel that may have cost thousands of pounds; but if you are a member of that vanishing tribe, the amateurs of fine vintages, you will choose the crystal, because everything about it is calculated to reveal rather than to hide the beautiful thing which it was meant to contain.

"Bear with me in this long-winded and fragrant metaphor; for you will find that almost all the virtues of the perfect wine-glass have a parallel in typography. There is the long, thin stem that obviates fingerprints on the bowl. Why? Because no cloud must come between your eyes and the fiery heart of the liquid. Are not the margins on book pages similarly meant to obviate the necessity of fingering the type-page? Again: the glass is colourless or at the most only faintly tinged in the bowl, because the connoisseur judges wine partly by its colour and is impatient of anything that alters it. There are a thousand mannerisms in typography that are as impudent and arbitrary as putting port in tumblers of red or green glass! When a goblet has a base that looks too small for security, it does not matter how cleverly it is weighted; you feel nervous lest it should tip over. There are ways of setting lines of type which may work well enough, and yet keep the reader subconsciously worried by the fear of 'doubling' lines, reading three words as one, and so forth."

*"The Crystal Goblet or Printing Should be Invisible"
from Beatrice Warde, The Crystal Goblet,
Sixteen Essays on Typography, Cleveland, 1956*

QUANDO BEM USADA,

tipografia
é invisível como
tipo

assim como uma voz perfeita
é um veículo neutro de transmissão
de palavras e idéias

Marcello Rosauro

Lorem ipsum dolor sit amet, consectetur adipisicing elit, sed do eiusmod tempor incididunt ut labore et dolore magna aliqua. Ut enim ad minim veniam, quis nostrud exercitation ullamco laboris nisi ut aliquip ex ea commodo consequat. Duis aute irure dolor in reprehenderit in voluptate velit esse cillum dolore eu fugiat nulla pariatur. Excepteur sint occaecat cupidatat non proident, sunt in culpa qui officia deserunt mollit anim id est laborum.

Trade Gothic
Escrita Principal
Bubble Boy
DJ Supreme

O texto acima vem sendo usado como *bodytext* desde 1500. Foi popularizado nos anos 1960 com lançamento da Letraset contendo passagens dele.
O Lorem Ipsum alcançou a era digital sendo incluído em softwares de editoração com a mesma finalidade.

Foto do autor.

Ricardo Leite

Que tipo de sistema semiótico é a tipografia? O alfabeto é desenhado para representar a fala. Escrever é, portanto, uma linguagem descrevendo outra linguagem, um grupo de signos representando signos. O design de tipos está um passo adiante: é um meio cujo significado não são palavras, mas, verdadeiramente o alfabeto.

ELLEN LUPTON E ABBOTT MILLER

Designers americanos comentando a teoria de Saussure sobre o princípio de valor lingüístico. *Laws of the letter* in *Design writting research, writing on graphic design.*

Univers ultra light e regular | Linotype

Rodolfo Capeto

Início do verbete "tipografia" do Dicionário Houaiss da Língua Portuguesa

EQUIPE DE LEXICÓGRAFOS, DICIONÁRIO HOUAISS

Houaiss, regular, itálico, versaletes e preto | Rodolfo Capeto | 2001

tipografia *s.f.* (1789) GRÁF **1** a arte e a técnica de compor e imprimir com uso de tipos **2** conjunto de procedimentos artísticos e técnicos que abrangem as diversas etapas da produção gráfica (desde a criação dos caracteres até a impressão e acabamento), esp. no sistema de impressão direta com o uso de matriz em relevo; imprensa [...]

Sérgio Liuzzi

No, Watson, this was not done by accident, but by design.

SHERLOCK HOLMES
(um dos personagens mais conhecidos internacionalmente da literatura policial, dirigindo-se a seu assistente, Dr. Watson, ambos criados por Sir Arthur Conan Doyle – 1859-1930)

Indelible Victorian | Stephen Farrel | T-26
Vendetta | John Downer | Emigre

Tide Hellmeister

A maior obra-prima literária não é mais que um alfabeto em desordem.

JEAN COCTEAU

Construção e colagens do tipo Times Romam em PVC expandido, aplicados em fundo de madeira pintada. Foto: Felipe Hellmeister.

Tony de Marco

O "A" é uma letra com sótão.
O "Z" é o caminho mais curto, depois da bebida.

MILLÔR FERNANDES

Samba | Tony de Marco e Caio de Marco | 2003 | Just in Type

A fonte Samba foi inspirada no trabalho de J. Carlos.

É UMA LETRA COM SÓTÃO

É O CAMINHO

MAIS CURTO

DEPOIS DA BEBIDA

Victor Burton

Ornament ist Verbrechen.

(Ornamento é crime.)

ADOLF LOOS, 1908

Missionary | Miles Newlyn | 1991 | Emigre
Renner Architype | David Quay & Freda Sack | 1993 | The Foundry

Os designers das grafias

Billy Bacon, de 36 anos, é designer gráfico formado pela Rocky Mountain College of Art & Design (RMCAD), Colorado, EUA. É professor da PUC-Rio, e da Kabum! Escola de Artes e Tecnologia. É coordenador da regional Rio da Associação de Designers Gráficos (ADG) e diretor de criação e design da Nú-Dës desde 1996. Em 1997 criou a Subvertaipe – a primeira *font-house* genuínamente brasileira a comercializar e distribuir fontes originais. Suas fontes já foram publicadas nas mídias impressas nacionais e estrangeiras, e também em vinhetas eletrônicas de canais de televisão.

Bruno Cachinho nasceu em 1981, na cidade de Recife. Aos cinco anos chega ao Rio de Janeiro, onde atualmente vive e trabalha como *free-lancer*. Formou-se em Desenho Industrial, com habilitação em Programação Visual, pela UFRJ em 2004. Seu primeiro contato com a tipografia foi no ano de 2002, até desenvolver a fonte Lvdica, no seu projeto final de graduação, baseado em estudos e viagens à região das cidades coloniais de Minas Gerais.

Claudio Ferlauto é designer, gaúcho de Porto Alegre, com formação em arquitetura e está em São Paulo desde 1972. É autor do livro *O tipo da gráfica* (última edição Rosari, 2002) e do volume *Bodoni* da coleção "Qual é o seu tipo?" da editora Rosari.

Claudio Rocha é brasileiro de 1957. Vive e trabalha em São Paulo como designer gráfico e tipógrafo com fontes disponíveis no mercado internacional. Leciona tipografia, é co-editor da revista *Tupigrafia*, e autor dos livros *Projeto tipográfico* (Rosari, 2002) e dos volumes *A eterna Franklin Gothic, Trajan* e *Tipografia comparadada* da coleção "Qual é o seu tipo?" da editora Rosari.

Cristiana Grether é carioca de 1974. Formada em Comunicação Visual pela PUC-Rio, com mestrado em Communications/Packaging Design pelo Pratt Institute de Nova Iorque. Trabalhou na KPE Interactive, NYC, desenvolvendo projetos para Polo Ralph Lauren, Sony Music, Moby & Area One Festival, entre outros. No Brasil, fez parte da equipe da Ana Couto Branding & Design, e agora está na Tátil Design, desde 2004, como gerente de criação.

Crystian Cruz nasceu em Curitiba, Paraná, em 1978. É formado em Design Gráfico pela PUC-PR, e atualmente leciona Tipografia no curso de Desenho Industrial da UnG (SP). É diretor de arte da revista *Placar* e sócio do escritório PromoDesign, onde desenvolve projetos de design editorial, promocional e presta consultoria em tipografia. Autor das premiadas tipografias Brasilêro e Rodan (exclusiva para a revista *Quatro Rodas*), publicadas em diversas revistas e exposições no Brasil e nos Estados Unidos, além das fontes CruzSans (revista *InfoCorporate*) e Smoking (revista *VIP*). Participou das 6ª e 7ª Bienais de Design Gráfico da ADG (2002 e 2004) nas categorias tipografia, design promocional e design editorial.

Eduardo Bacigalupo nasceu em Montevidéu, Uruguai, em 1952. Formado em Design e Publicidade Gráfica pela Universidade do Trabalho do Uruguai, chegou ao Brasil em 1974. É designer gráfico, tipógrafo e diretor de arte, com passagens pela McCann Ericsson, J. W. Thompson, Almap-Alcântara Machado Periscinoto Comunicações S.A., SAO-Divisão de Design da DPZ, Denison Propaganda, Made in Brasil-Divisão de Design da W/Brasil, entre outras empresas, tendo sido resposável pela programação visual de grandes clientes como Vasp, Unibanco, Hering, Continental 2001, Antarctica, Dinners Club e Golden Cross. Em 1994 funda a BCD Design e a partir desse ano presta serviços para os seguintes profissionais: Mássimo Vignelli, Woody Pirtle (Pentagram), Milton Glaser e Alan Peckolick, todos com escritórios em Nova Iorque/USA. Vencedor de vários prêmios nacionais e internacionais.

Eduardo Berliner é de 1978. É titulado pelo MA Typeface Design da Reading University da Inglaterra. Vive e trabalha no Rio.

Eduardo Recife nasceu em Belo Horizonte, em 1980, cidade onde reside até hoje. Criador de mais de 28 fontes digitais, distribui e vende algumas de suas criações em: www.misprintedtype.com.

Emilio Rangel é carioca de 1977. Formado em Desenho Industrial pela Esdi em 2000, foi membro-fundador do Fontes Carambola, e hoje é sócio do 6D estúdio (6d.com.br).

Fabio Lopez é designer carioca, 26 anos, formado pela Esdi em 2000. Produz tipografia desde 1998, sendo um dos fundadores do grupo Fontes Carambola.

Premiado na 7ª Bienal de Design Gráfico da ADG, já participou de exposições e publicações no Brasil e no exterior, com projetos de texto, logotipo e tipografia experimental.

Fernanda Martins é formada em Artes Plásticas pela Escola de Comunicações e Artes (CA-USP) e nos anos 1996/97 cursou o Programa Avançado de Pós-Graduação em Design Gráfico na Basel School of Design, Suíça. Tem ministrado oficinas de Desenho Tipográfico e aulas de Tipografia na Miami Ad SchoolI/ESPM. É designer gráfica atuando nas áreas de identidade visual, editorial e tipografia institucional. Em 1986 retomou as atividades das empresa de seu pai, Ruben Martins – a Forminform, onde atua até hoje. Mora em Belém, representando a Associação dos Designers Gráficos do Brasil (ADG). Sua grande paixão é a tipografia.

Goebel Weyne nasceu em Fortaleza, Ceará, em 1933. Estudou artes gráficas e comunicação visual no Museu de Arte Moderna de São Paulo e Museu de Arte Moderna do Rio de Janeiro, com os professores Tomás Maldonado e Otl Aicher, da HGF-Ulm, Alemanha. Juntamente com Karl Heinz Bergmiller, estruturou o IDI MAM, Instituto de Desenho Industrial do Museu de Arte Moderna do Rio de Janeiro. Participou de diversas exposições de comunicação visual no Brasil e no exterior e de júris de concursos de design gráfico. É professor de comunicação visual e orientador de projetos de graduação da Escola Superior de Desenho Industrial (Esdi), no Rio de Janeiro.

Gustavo Piqueira é de 1972, designer gráfico formado pela FAU-USP em 1995, sócio da Rex Design. É autor dos livros *Morte aos Papagaios* (Ateliê Editorial, 2004) e *Gill Sans* (Rosari, 2004), e organizador do catálogo *Fontes Digitais Brasileiras* (ADG Brasil / Rosari, 2004). Foi diretor da Associação dos Designers Gráficos de 2000 a 2004. É autor de diversas fontes premiadas no Brasil e no exterior, algumas distribuídas pela Type Foundry t26.

Henrique Nardi é designer formado pela Universidade Anhembi Morumbi, tecnólogo gráfico pelo Senai e mestrando em Artes Visuais pela Unesp.

Luciano Cardinali é artista plástico pela Faap e atua como designer gráfico desde 1981. Desenvolve fontes desde 1993, especialmente para trabalhos do escritório, destacando-se as fontes Akhnaton, Reich, Kashemira, Paulisthania e

Thanis - criadas exclusivamente para a revista *ADG*, com projeto gráfico de sua autoria. Organizou e participou de *workshops* de tipografia com Martin Salomon, Bruno Maaag e Rubén Fontana. Foi o jurado brasileiro na 1ª Bienal Letras Latinas (2004). É professor de Tipografia na Miami Ad School desde 2002.

Marcello Rosauro é bacharel em Programação Visual com curso complementar na School of Visual Arts, Nova York. Especialista em design de interface e computação gráfica. Representante da primeira geração de tipógrafos digitais do Rio de Janeiro, foi um dos criadores do Freak Show, Blind Fontes: uma Fonthouse experimental com uma cartela de 34 alfabetos criados pelos primeiros tipógrafos digitais do Rio [1997]. Produziu espetáculos e eventos tipográficos multimídia que levaram a tipografia para lugares nunca dantes navegados. Os alfabetos Blind Fontes foram utilizados nos mais diversos projetos comerciais e experimentais, desde em novela de televisão até em campanhas humanitárias, programas humorísticos e *shows* experimentais. Atualmente dirige o Estúdio Biônico Interdisciplinar que desenvolve projetos de design de interface, ilustração, tipografia e música.

Ricardo Leite é designer carioca, nascido em 3 de março de 1957, formado em Comunicação Visual pela UFRJ em 1980. Professor do Centro Universitário da Cidade, sócio da Pós Imagem Design e autor do livro *Ver é compreender, o design como ferramenta de negócio*, Editora Senac Rio, lançado em 2003, e ganhador do prêmio Jabuti de 2004 na categoria Comunicação e Arte.

Rodolfo Capeto é designer formado em 1980 pela Esdi, onde ensina desde 1992. Foi pioneiro, no Brasil, no uso do computador no design, tendo desenvolvido em 1983 um formato próprio de fonte digital vetorial, entre outros resultados. Suas principais áreas de interesse são a tipografia e o design de informação.

Sérgio Liuzzi cursou a Faculdade de Arquitetura e Urbanismo da UFRJ de 1971 a 1973. Começou sua trajetória profissional na TV Globo, desenvolvendo marcas e aberturas de novelas e programas em parceria com Hans Donner. Durante seis anos trabalhou no departamento de design gráfico da rede de lojas Cantão, na qual implantou uma imagem gráfica compatível com os objetivos da empresa. Desde 1988 é diretor da Interface Designers, onde tem como sócio o designer André de Castro, desenvolvendo marcas, relatórios anuais, projetos editoriais, campanhas de endomarketing, capas de livro, embalagens e projetos corporativos.

Tide Hellmeister é paulistano de 1942, e se auto-define assim: "Não sou um homem de palavras, pretendo ser um homem de letras. Não sou um designer, pretendo continuar tentando ser um artista gráfico." Premiado no Brasil e no exterior, desenvolve um trabalho muito próprio de colagens tipográficas que foi merecedor do livro *Capitular Collage* da coleção "Qual é o seu tipo?" (Rosari, 2003)

Tony de Marco é editor da revista *Tupigrafia*, e tem fontes premiadas no exterior, mas é esta a biografia que prefere: tipógrafo, fotógrafo, pornógrafo. Duro na queda, romântico, agitado, ex-tímido (são piores que ex-fumantes), jogador, disléxico, generoso, egocêntrico, cara-de-pau, carinhoso, advogado do diabo. Ah! Ele também se diz muito modesto.

Victor Burton nasceu no Rio de Janeiro em 1956. Teve seu aprendizado profissional na editora Franco Maria Ricci de Milão, Itália, onde residiu de 1963 a 1979. Desde 1980, se dedica ao design editorial e cultural. Realizou mais de duas mil capas de livro e 180 projetos de livros de arte. Destaque em 1998 e 2000 na Bienal ADG e Ouro em 2002. Prêmio Jabuti de capa em 1993, 1995, 1996, 1999 e 2001. Prêmio Aloísio Magalhães de projeto gráfico em 1995, 1997 e 2001. Um dos "Top Ten" da exposição Brasil Faz Design de 2002 em Milão e primeiro colocado no "Designers by Dccsesigners" 2002.

Isabella Perrotta é carioca de 1961. Designer pela Escola Superior de Desenho Industrial (Esdi), 1982. Mestre em Design pela Puc-Rio. Professora da Puc-Rio desde 1993. Diretora da Hybris Design, desde 1995. Autora do livro *O Perfil do Rio: grafismos de representação de uma cidade naturalmente gráfica*, Sextante, 1998. Gosta de falar e escrever sobre design, principalmente quando os temas são a visualidade carioca e tipografia.

Sugestões de leitura

Sobre história da escrita e do alfabeto:

Haley, Allan. *Alphabet: The history, evolution and design of the letters we use today.* New York: Watson-Guptill, 1995.

Jean, Georges. *Writing: the story of alphabets and scripts.* New York: Harry Abrams Inc. Publishers, 1992.

Man, John. *A História do alfabeto: como 26 letras transformaram o mundo ocidental.* Rio de Janeiro: Ediouro, 2002.

Sobre história da tipografia e do livro:

Araújo, Emanuel. *A construção do livro.* Rio de Janeiro: Nova Fronteira, 1986.

Satué, Enric. *Aldo Manuzio: Editor, tipógrafo, livreiro.* São Paulo: Ateliê Editorial, 2004.

Sobre estilo tipográfico e uso da tipografia:

Bringhurst, Robert. *Elementos do estilo tipográfico.* São Paulo: Cosac Naif, 2005.

Rocha, Claudio. *Projeto tipográfico: análise e produção de fontes digitais.* São Paulo: Rosari, 2002.

Rocha, Claudio. *Tipografia comparada: 108 fontes clássicas analisadas e comentadas.* São Paulo: Rosari, 2004.

Weingart, Wolfgang. *Como se pode fazer tipografia suíça?* São Paulo: Rosari, 2004.

Para conhecer a produção brasileira:

ADG Brasil. *Fontes digitais brasileiras de 1989 a 2001.* São Paulo: Rosari, 2001.

Referências inspiradoras deste livro:

Lupton, Ellen. *Mixing Messages.* New York: Cooper-Hewitt National Museum and Princeton Architectural Press, 1996.

Williams, Robin. *A blip in the continuum: a celebration of grunge typography.* California: Peachpit Press, 1995.

Índice de Fontes

À guisa de um colofão.

[Do grego kolophón – fim de uma obra]

O colofofão, originalmente, era a página que protegia na gráfica as folhas já impressas de um mesmo livro, antes da sua finalização. Fornecia as informações técnicas de impressão, de forma a garantir a integridade da obra. Tradicionalmente, serviu para aplicação da marca ou nome do impressor, lugar e data do término da impressão.

Este livro foi composto, principalmente, com Rotis Sans Serif corpo 10.5 /17. Usou-se a Rotis Serif bold, para destaques e Franklin Gothic heavy, para titulos. As aspas, que indicam citação, estão em Garamond light corpo 100.

OUTRAS FONTES UTILIZADAS

Walrod Initials (página de rosto) | Dead History p.25 | Goodbye Cruel World p.26 | Bodoni Book p.27 | Woody Type Ornaments p.27 | Trajan p.28 | Abilene p.17 | Aneirin p.32 | Broadway Engraved p.32 | ["love" p.33 é uma ilustração] | Grid Lock p.33 | [composição com mix de fontes e letras desenhadas p.33] | ["b" p.34 é uma ilustração] Helvética Regular p.34 | ["letter" p.35 é uma reprodução fotográfica] | Univers 55 p.35 | Univers em diversas variações p.36 | Frutiger p.36 | OCR-B p.36 | [detalhe Avand Gard p.38 é uma reprodução fotográfica] | Benguiat p.39 | Tema Cantante p.39 | Matrix p.41 | Modula p.42 | [o alfabeto de Neville Brody - Typeface Three - é uma reprodução fotográfica] | Birch p.45 | Mason Alternate p.46 | Woody Type Ornaments (no alto desta página).

P544t

Perrotta, Isabella.
Tipos e grafias / Isabella Perrotta – Rio de Janeiro:
Viana & Mosley, 2005
104p. ; 14cm x 20cm

ISBN 85-88721-24-4

1. Impressão - História. 2. Tipos para impressão.
3. Projeto gráfico (Tipografia) - História. I. Título.

CDD- 686.22

Impresso no couché matte 150g
nas oficinas da Sol Gráfica,
em maio de 2005.